SUEÑOS

mandalas, poemas y jardines para evadirse

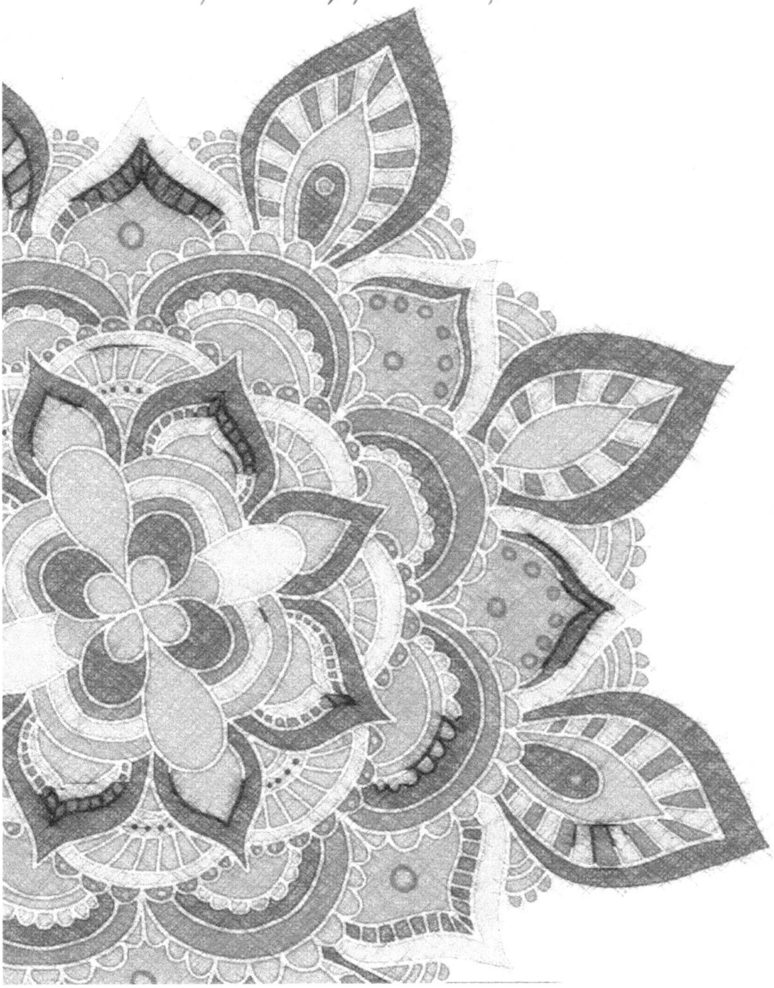

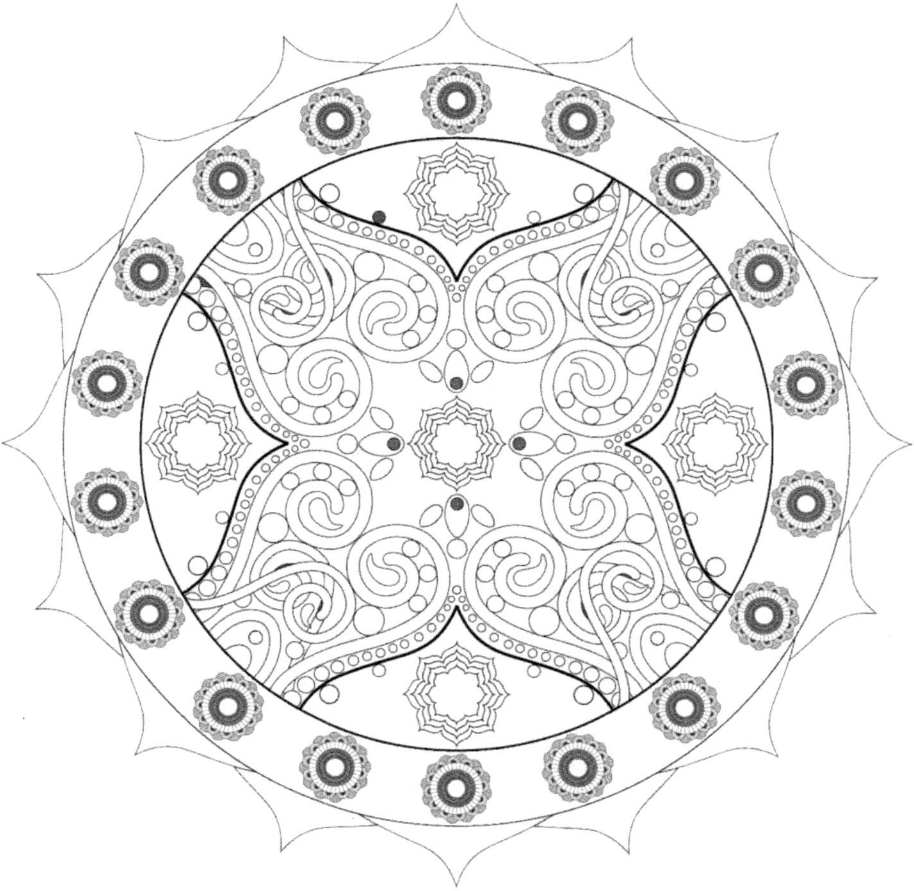

A mi familia sin cuyo apoyo esto no sería posible.

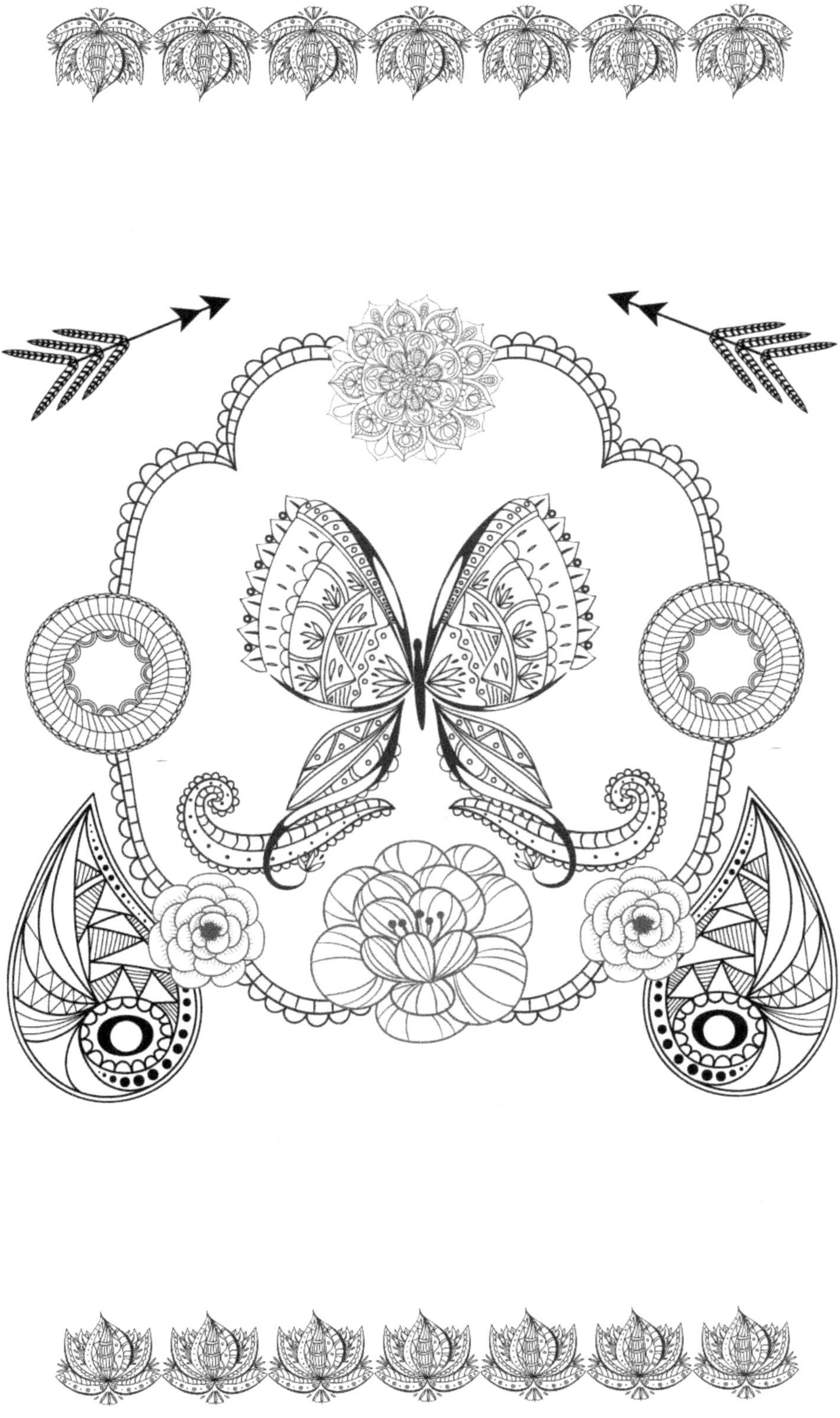

No sé muy bien
que me ha pasado,
pero estoy como hechizado.
Yo no lo sé, me he enamorado.
Ella se fue de mi lado.

Ayúdame, te necesito,
sólo confío en ti.
Ayúdame a encontrarla,
yo no sé dónde buscarla

Yo la busqué por tierra y mar,
vague por los desiertos.
Y cuando al fin,
di con su cuerpo
su alma ya no estaba en él

Ayúdame, te necesito,
sólo confío en ti.
Ya que en vida no nos unimos,
nos reuniremos
en el más allá.

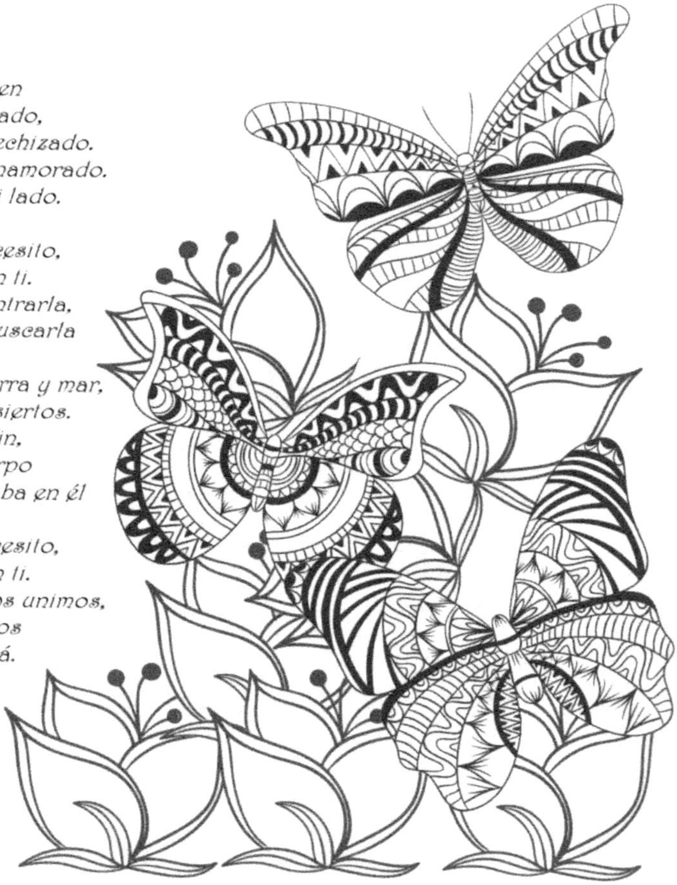

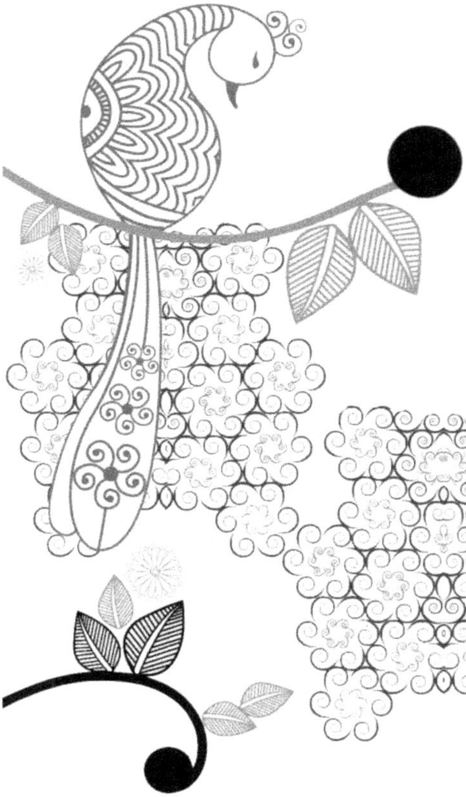

Retazos de mi ilusión.
Desechos de mi corazón.

Duerme en la noche oscura,
en silencio, mi dolor

Ahora te miro y ya no sé
si alguna vez fue cierto
lo que yo imaginé.

Extraño espejo que me hizo ver
el cariño de quien no me quiso querer.

Ayer te vi y mi corazón no gritó.
Ayer te vi y lo entendí.

Entendí que podría volver a ser yo.

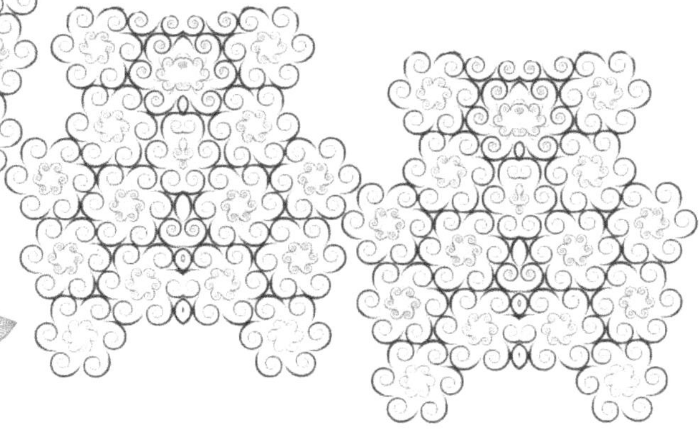

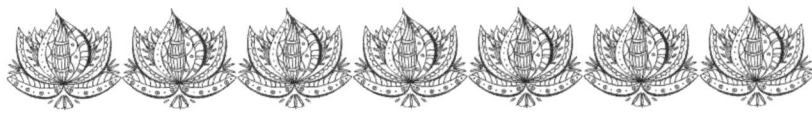

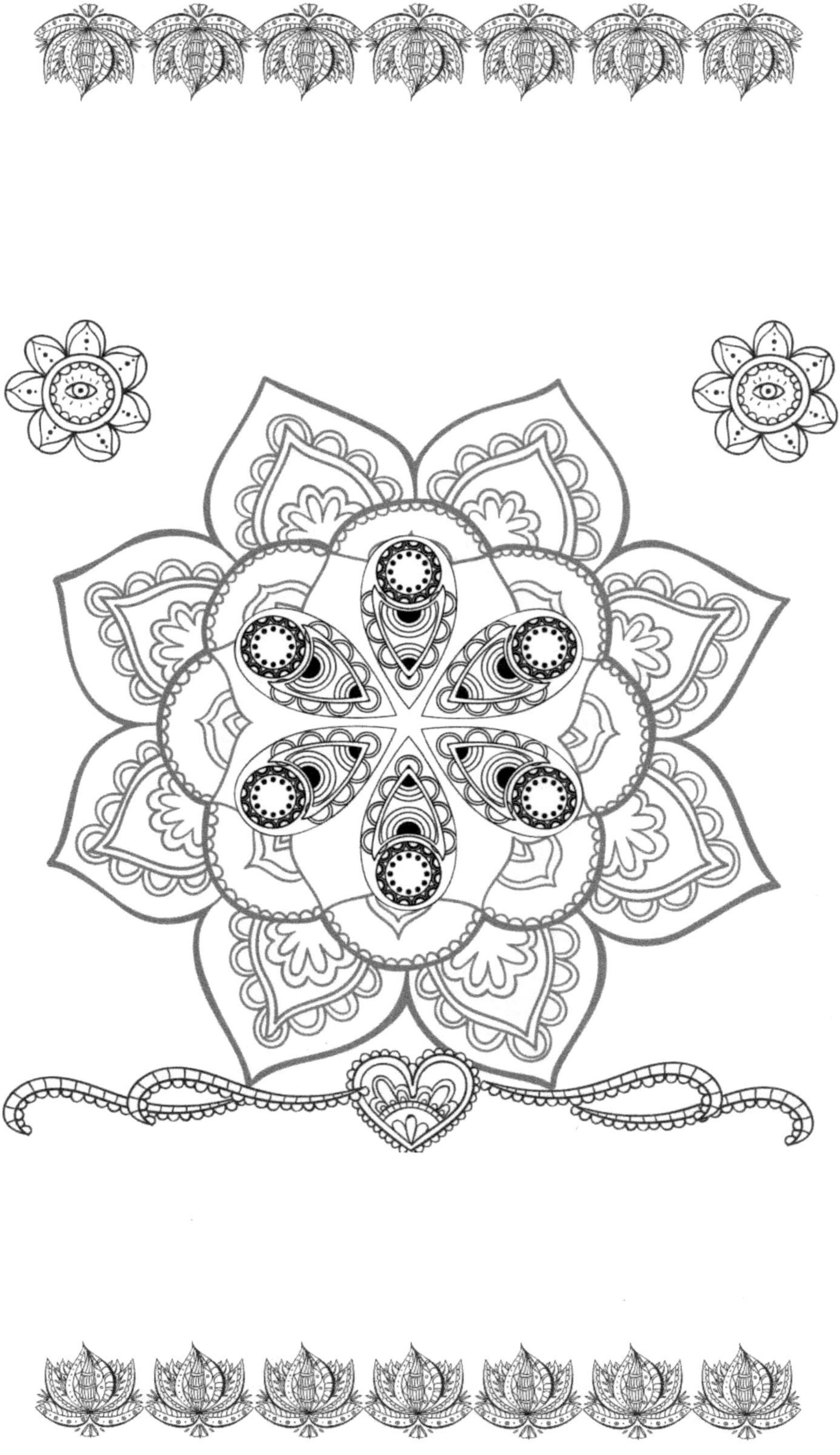

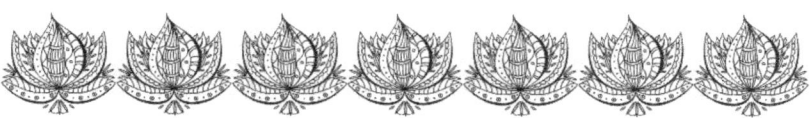

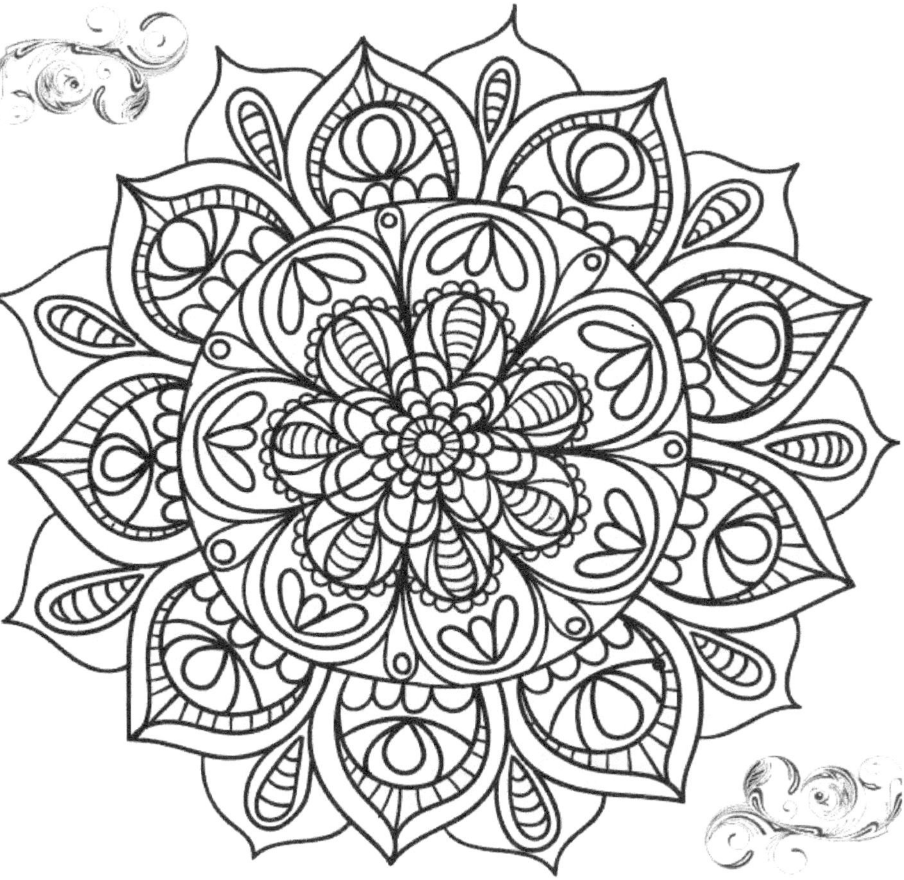

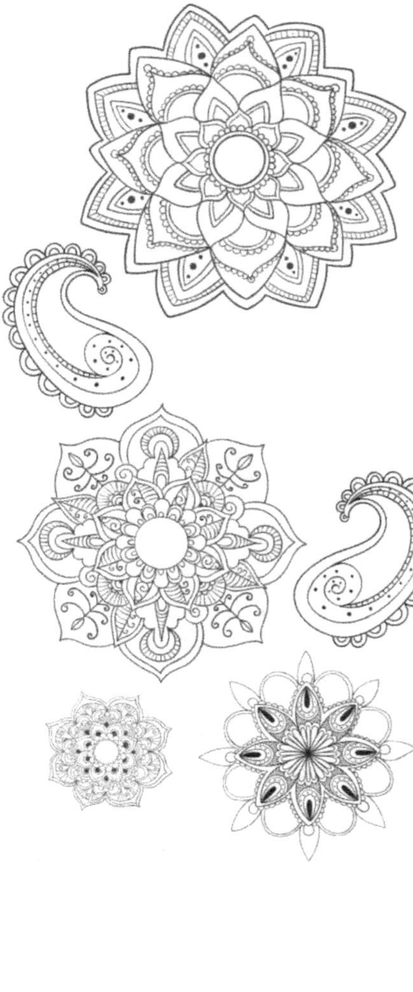

Reloj, pequeño y frágil reloj, ¿qué hora es?
Si mis ojos se abren ¿Qué es lo que van a ver?

¿Será acaso el amanecer?
Con su sol ardiente surgiendo desde el infinito.
¿Será acaso el anochecer?
Con la blanca luna iluminando desde lo más alto.

Reloj, mi querido y viejo reloj, ¿qué hora es?
Te pregunto y no escucho la respuesta.
¿Acaso tu tic tac se ha cansado de sonar?

Reloj, mi querido y olvidado reloj,
Hoy te miro y sé que en ti no volveré a confiar

Mi tan preciado reloj, hoy te debo decir adiós.

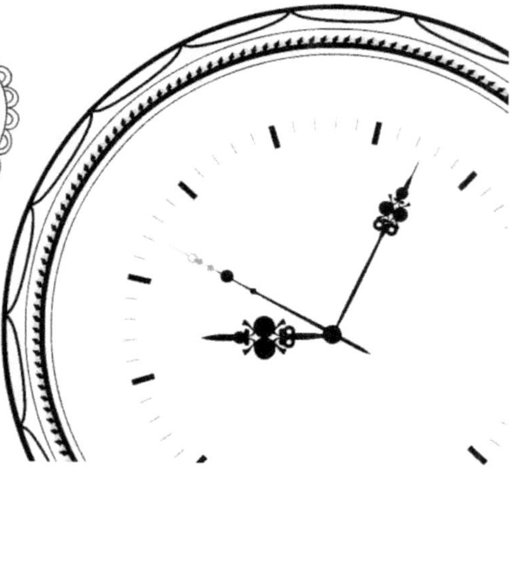

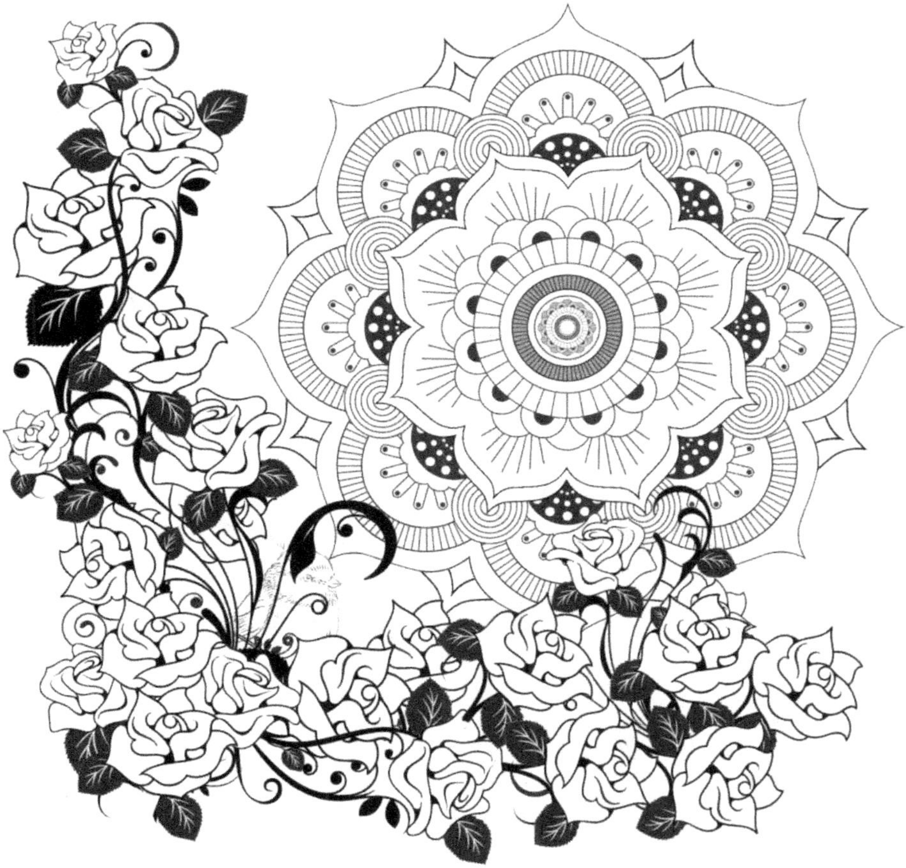

Ruiseñor, que entre espinas vives,
dime la verdad.
¿Acaso entre las silvas encuentras felicidad?

Ruiseñor, que esquivas afiladas espinas,
dime la verdad.
¿Acaso entre sus petalos encuentras un hogar?

Ruiseñor, que disfrutas su dulce aroma,
dime la verdad.
¿Qué dulce tormento encuentras en un rosal?

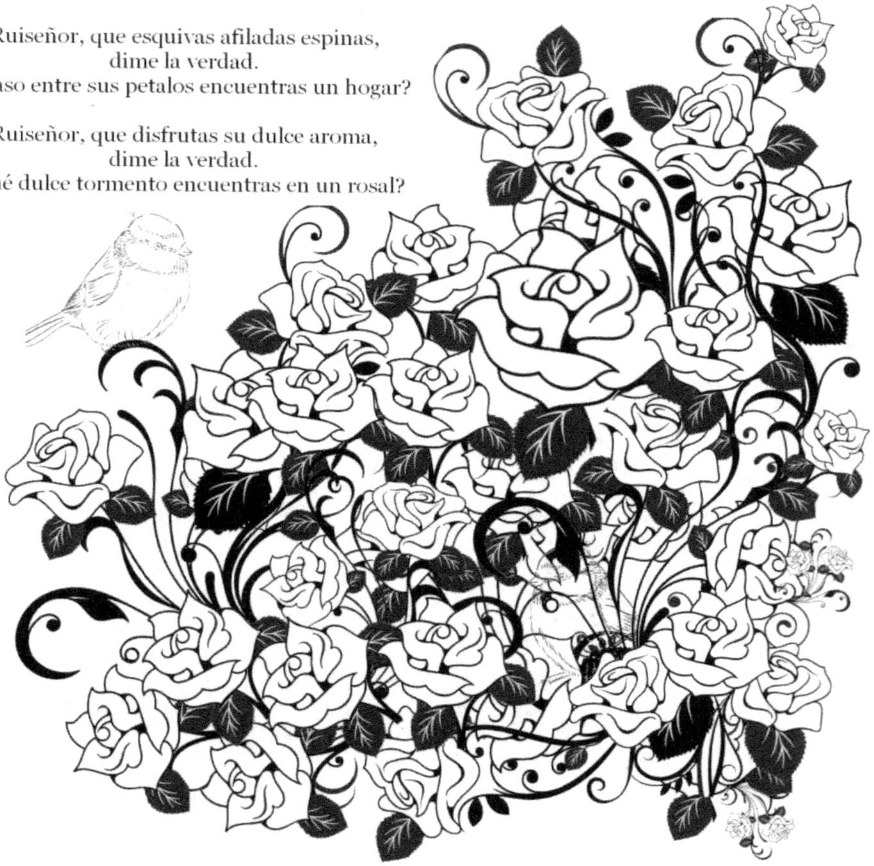

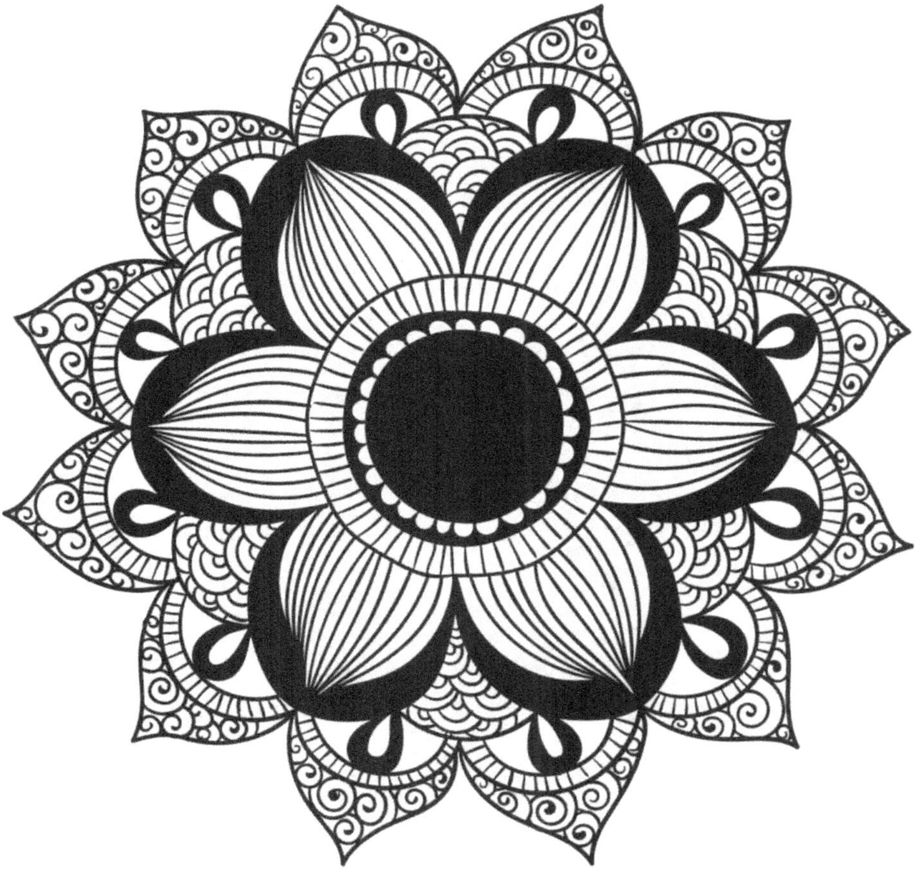

¿Y acaso tan equivocado estaba que sin verte te vi
y sin mirarte de ti me enamoré?
¿Serán necios mis ojos que sin querer evitarlo
a tu lado me llevaron y con tu mano me hirieron?
Tan solo un momento fui ciego.
Toda una vida habré de recordarlo.

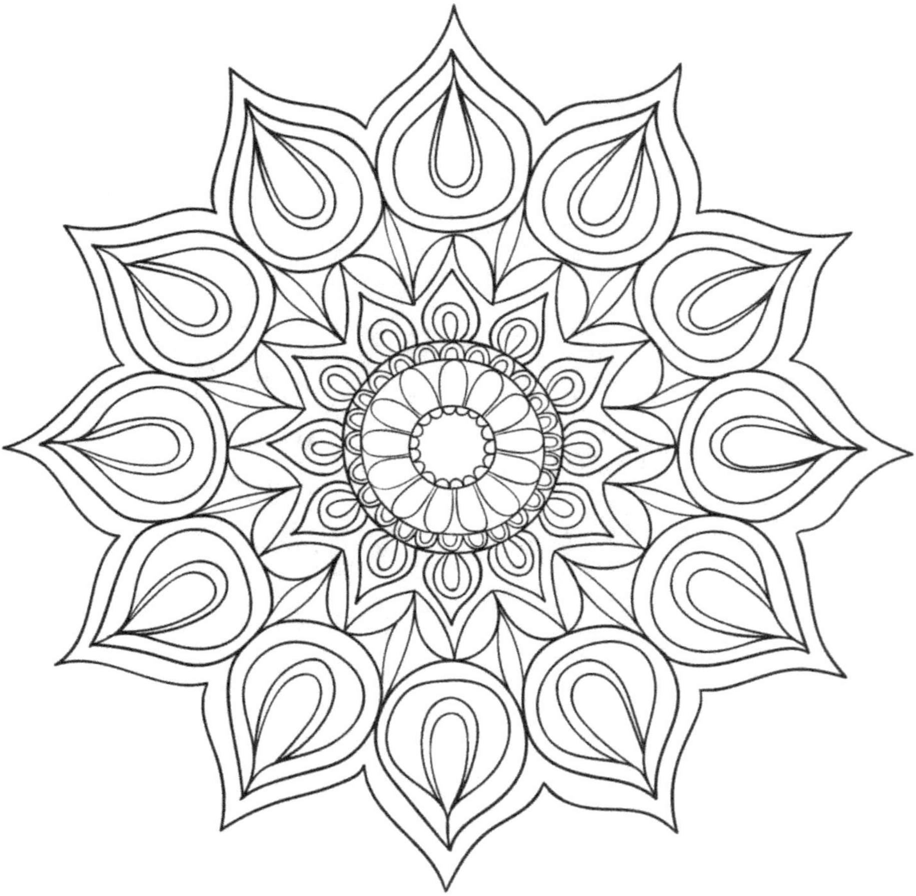

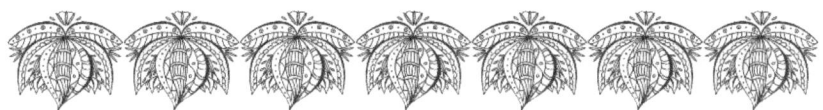

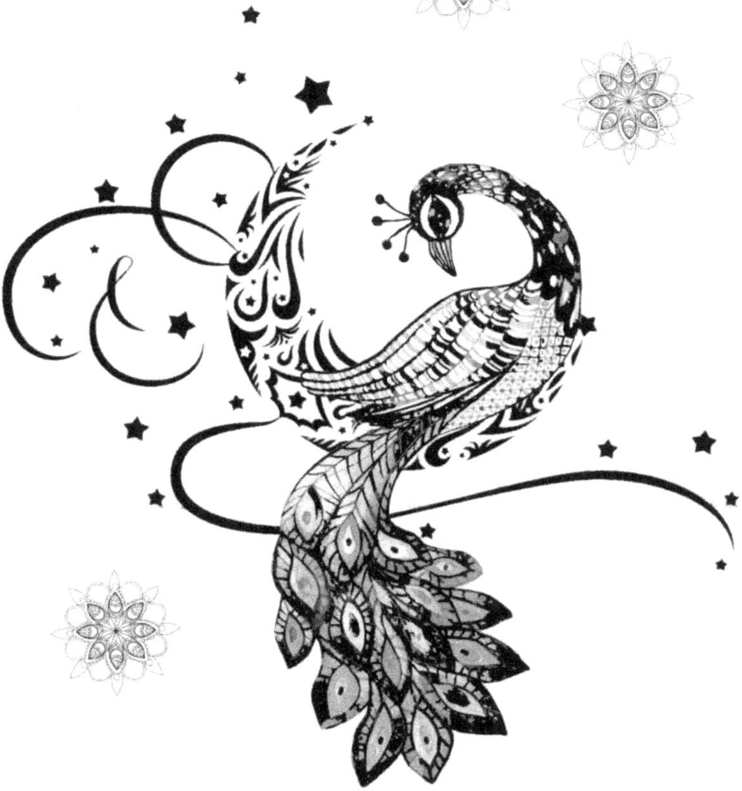

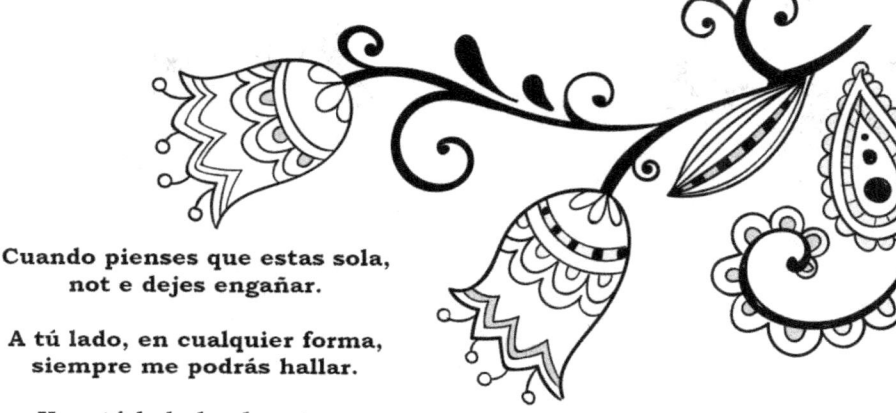

Cuando pienses que estas sola,
not e dejes engañar.

A tú lado, en cualquier forma,
siempre me podrás hallar.

Yo a tú lado he de estar,
sople el viento, llueva o más.

Pues mi mundo es el tuyo.
Nada nos podrás separar jamás.

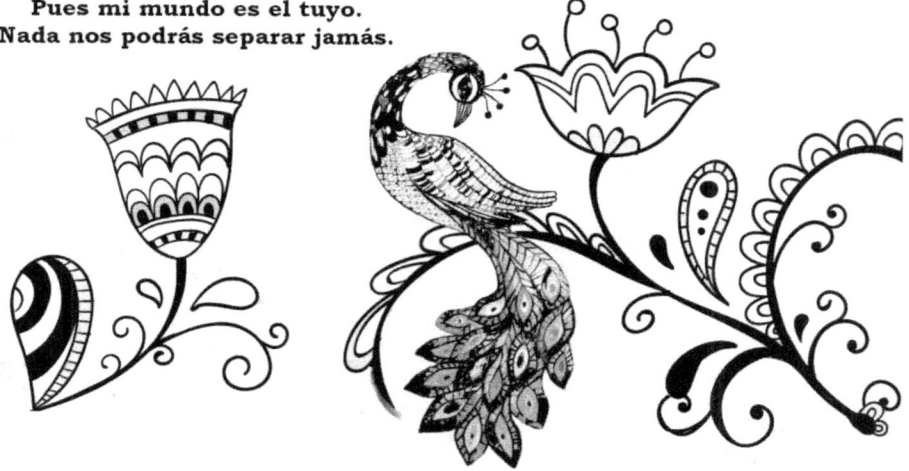

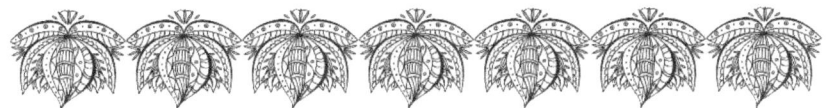

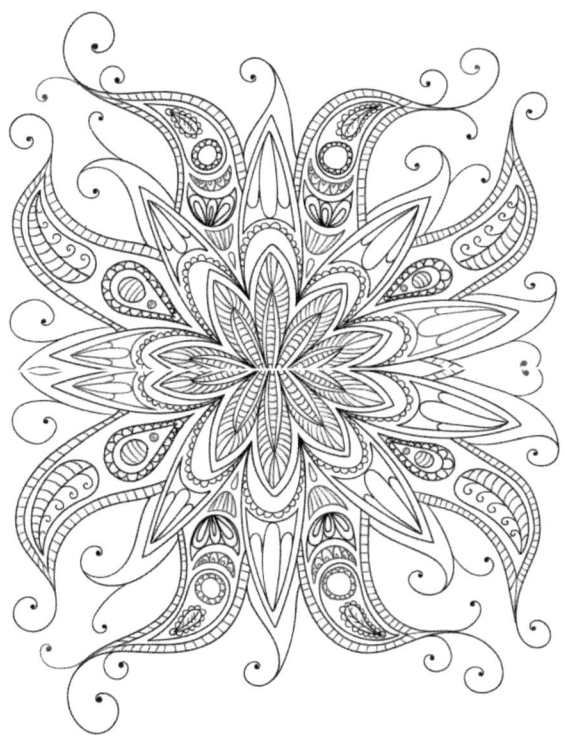

Qué luz, es luz, si tú no estás aquí.

Qué extraño suspiro imagino,
si contigo no puedo estar.

Qué día es día si de nuevo
no te puedo tener.

Qué oscura tormenta
de mi lado te alejó.

Hoy te busco entre las nubes
por si te pudiera encontrar.

Mañana subiré a su lado
por si desde alli te pudiera mirar.

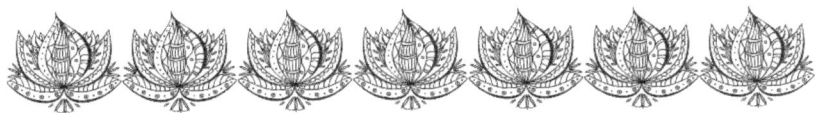

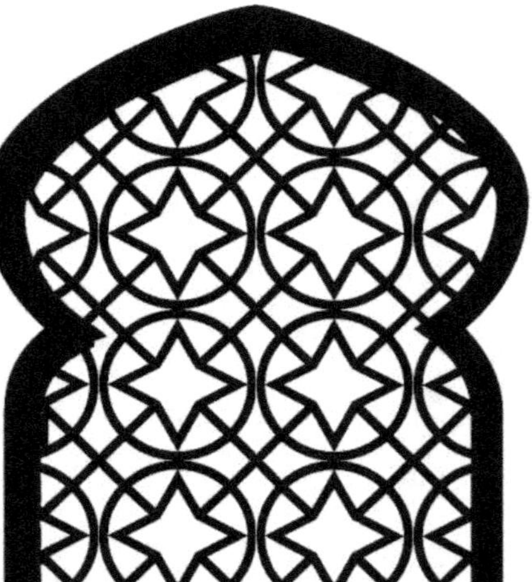

¿Podrá alguien alguna
vez las estrellas alcanzar?
Si yo pudiera
a tú lado las haría brillar.

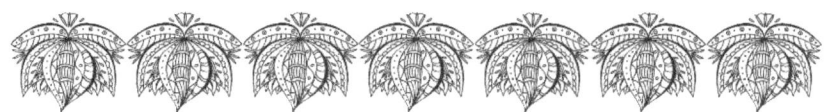

Alegría es lo que siento.

Alegría es lo que quiero gritar.
Hoy me encuentro en este mundo
rodeado de felicidad.

Tú llegaste y yo no fui
capaz de presentir
todo lo que me harías sentir.

Estoy dichoso y soy feliz
¿Qué más puedo a la vida pedir?

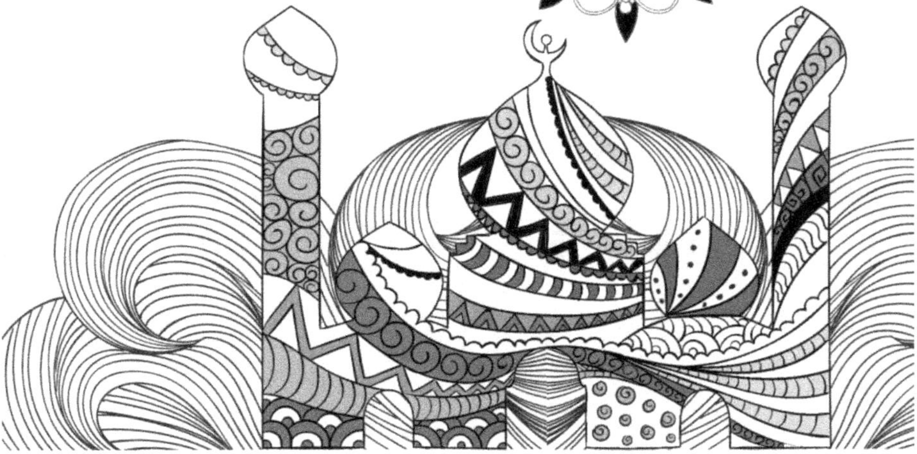

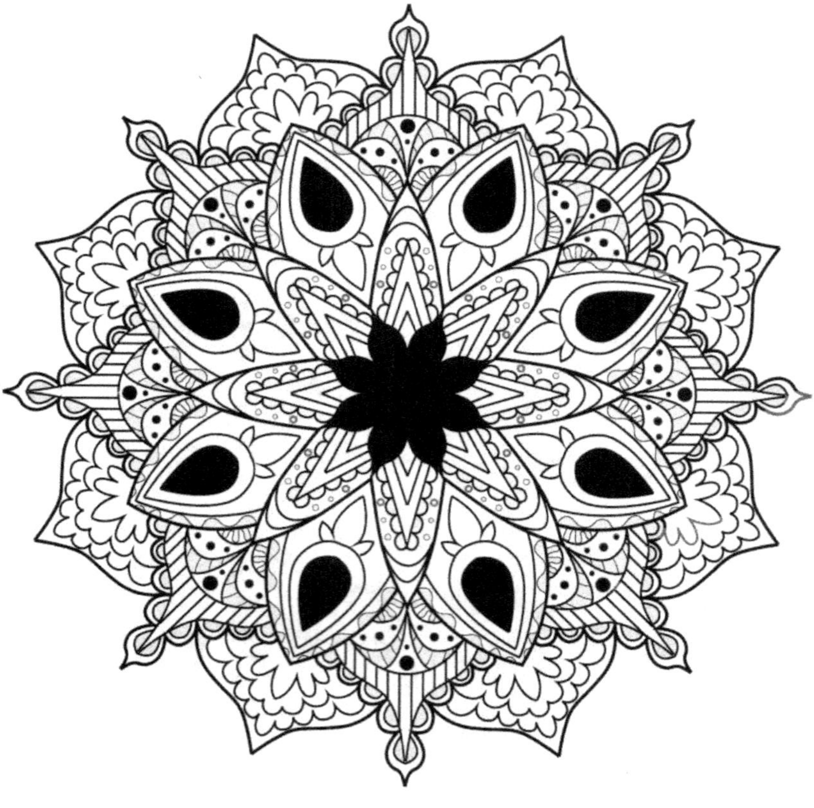

Robé de tu vida la sonrisa
y con ella me alegré.
Robé de tus noches las horas
y con ellas mi vacio llené.
Robé de tus días las horas
y a ellas mi día dediqué.
Robé de tu ser tantas cosas
para finalmente entender
que tú me robaste al completo,
nada soy sin tu querer.

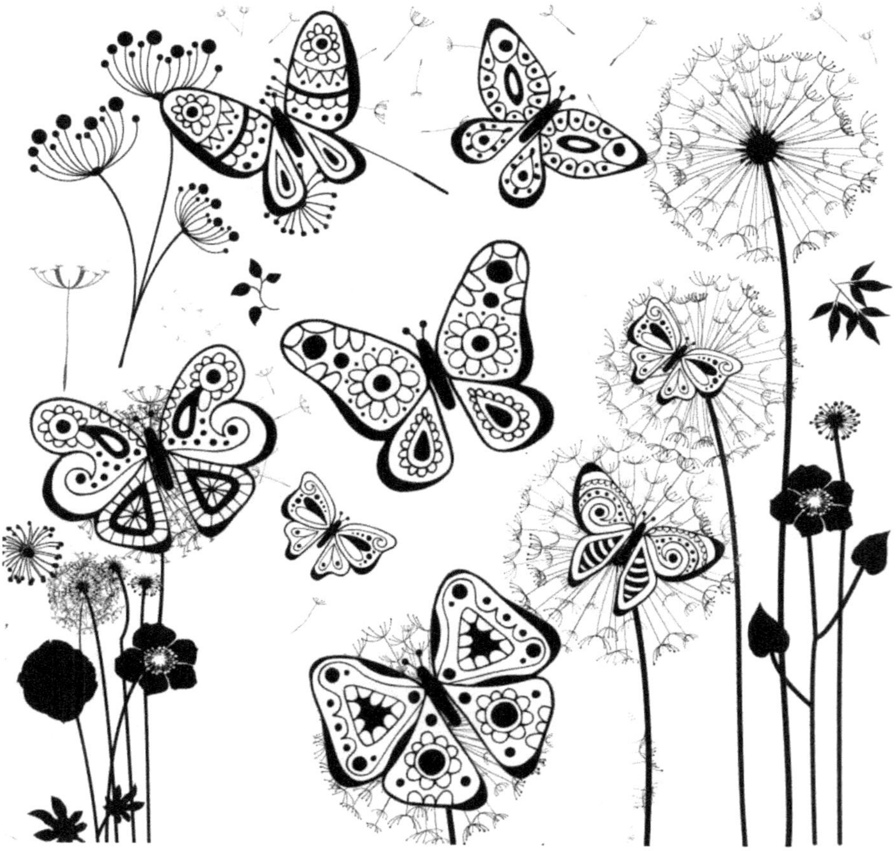

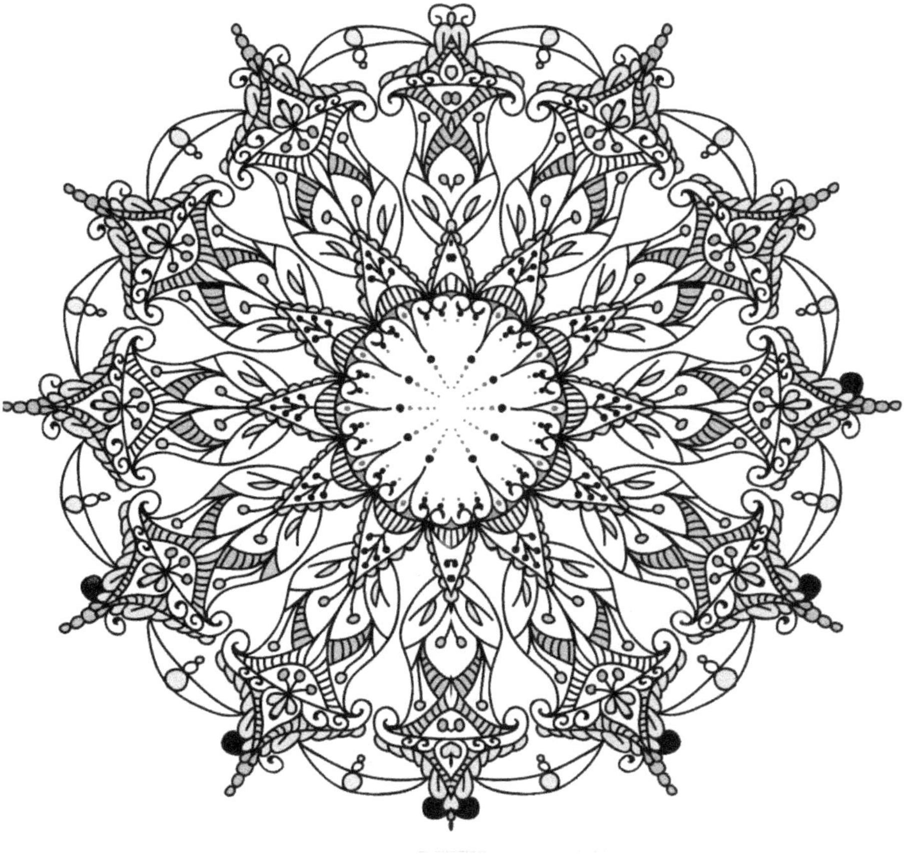

Imaginé la vida sin ti,
y sin ti la logré vivir.

Imaginé mi mundo girar,
y sin ti todo se movió.

Imaginé un día contigo
y el sol todo iluminó.

Imaginé una vida a tu lado,
y mi corazón de dicha vibró.

Río, querido río, que a tu lado mis horas paso
y que con tu susurro acaricias mi soledad.

Río que me hipnotizas con el bailar de tu ondas
y sin cuya compañía mi vida no logro imaginar.

Algún día, mi bello río, en tus aguas he de nadar
y a tu lado grandes momentos podré recordar.

Algún día, mi fiel amigo, hasta tu desembocadura he de llegar.
Descubriré un nuevo mundo y cambiaré mi soledad.

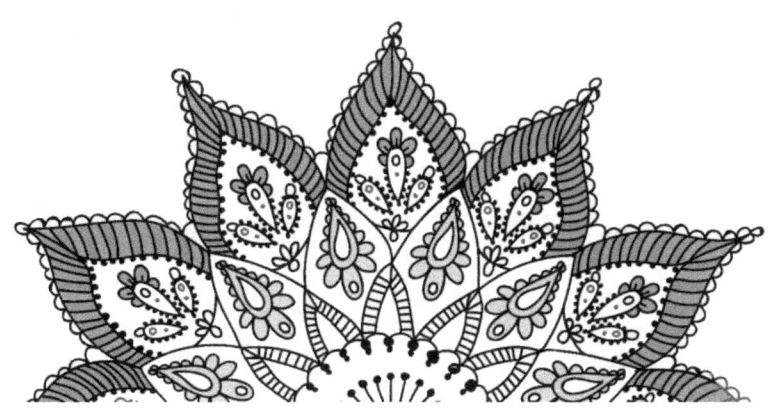

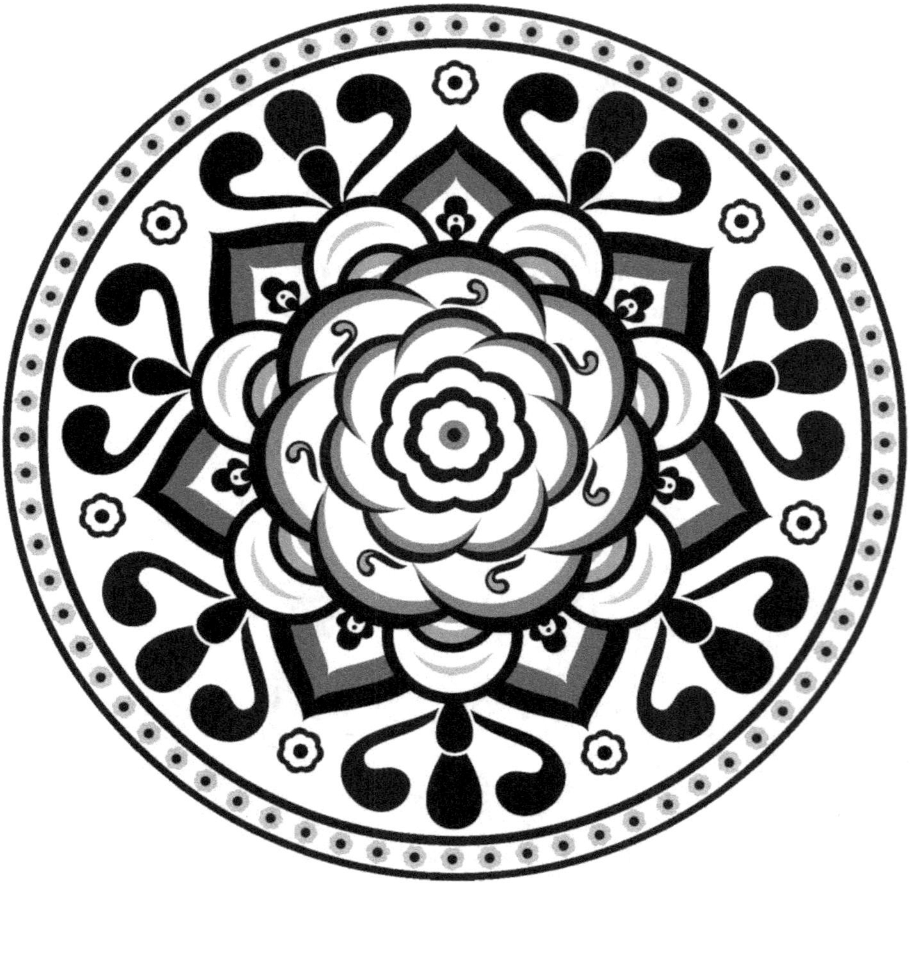

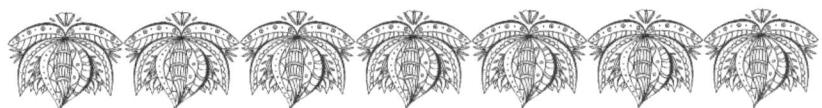

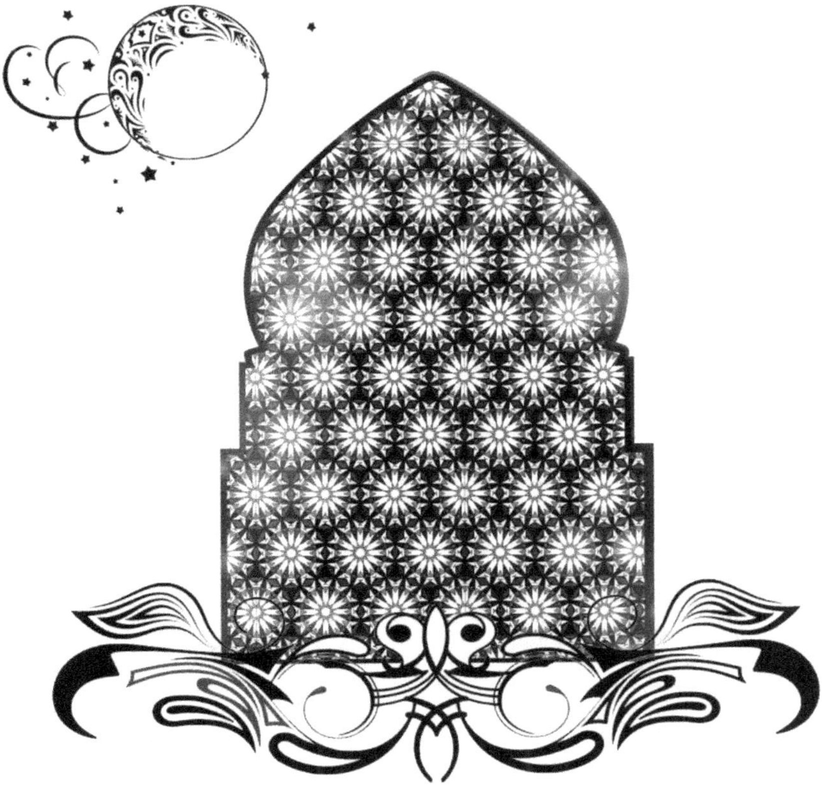

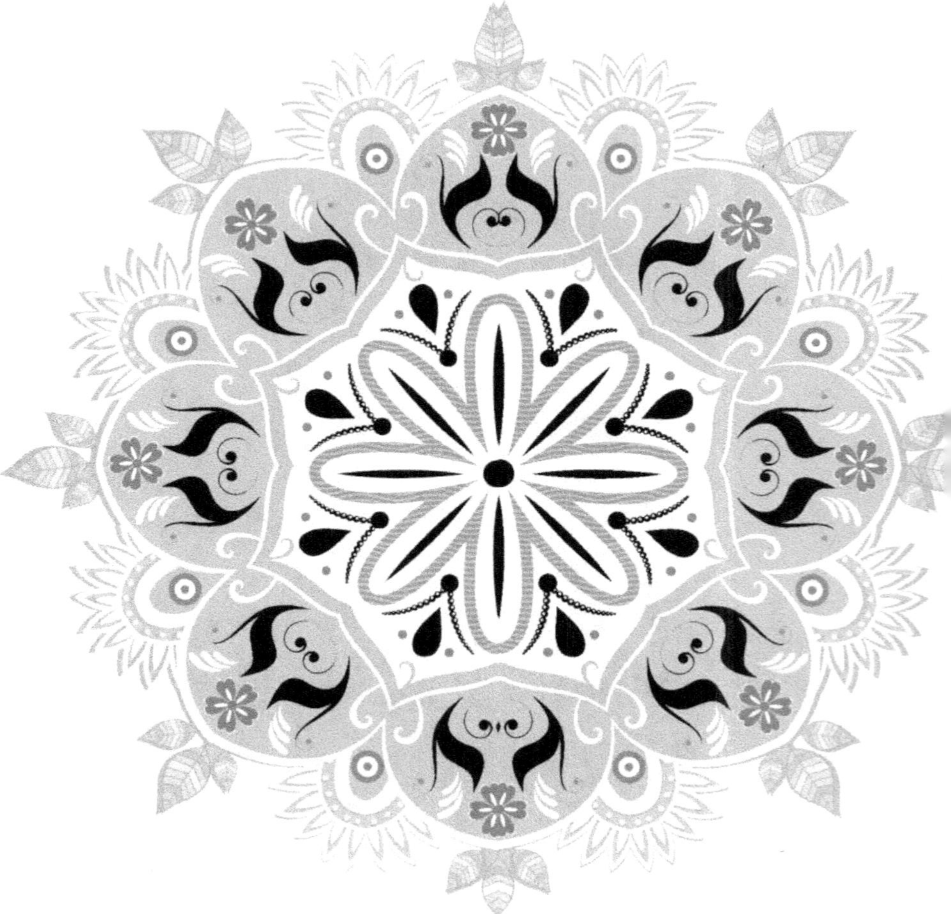

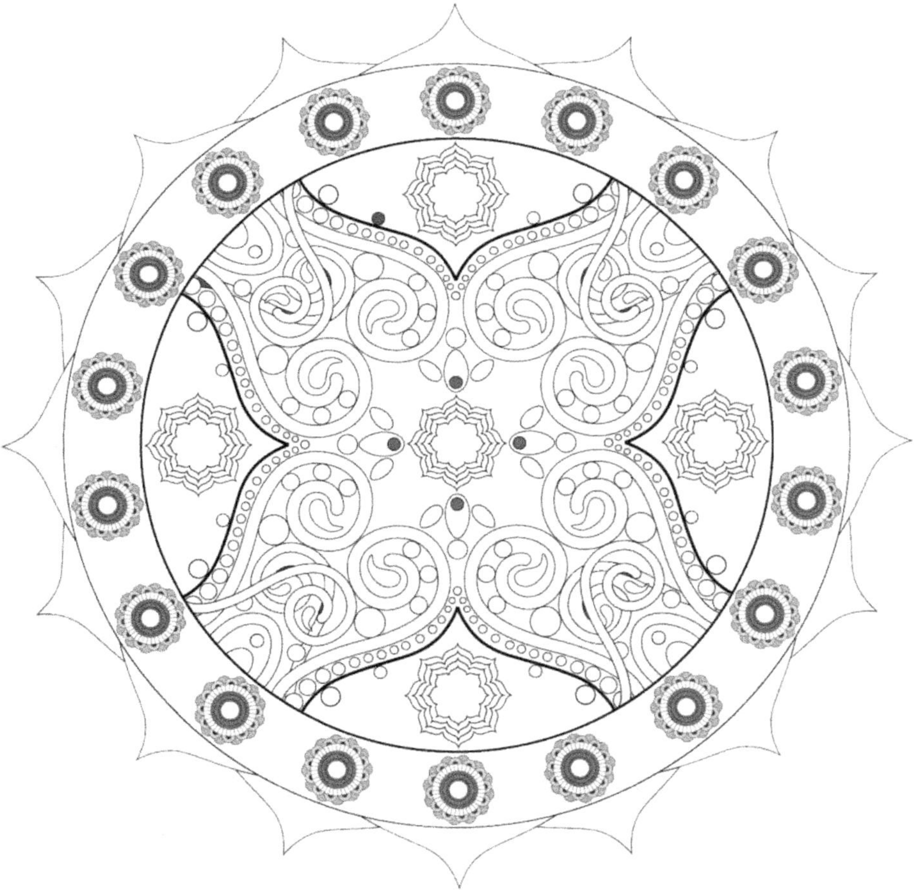

Textos y composición de Patricia González
Diseñado por Freepik

*Poemas de amor, desamor, alegría y
esperanza se entremezclan con hermosas
imágenes que el lector podrá decorar a
su antojo convirtiendo este libro en
algo único y exclusivo.*

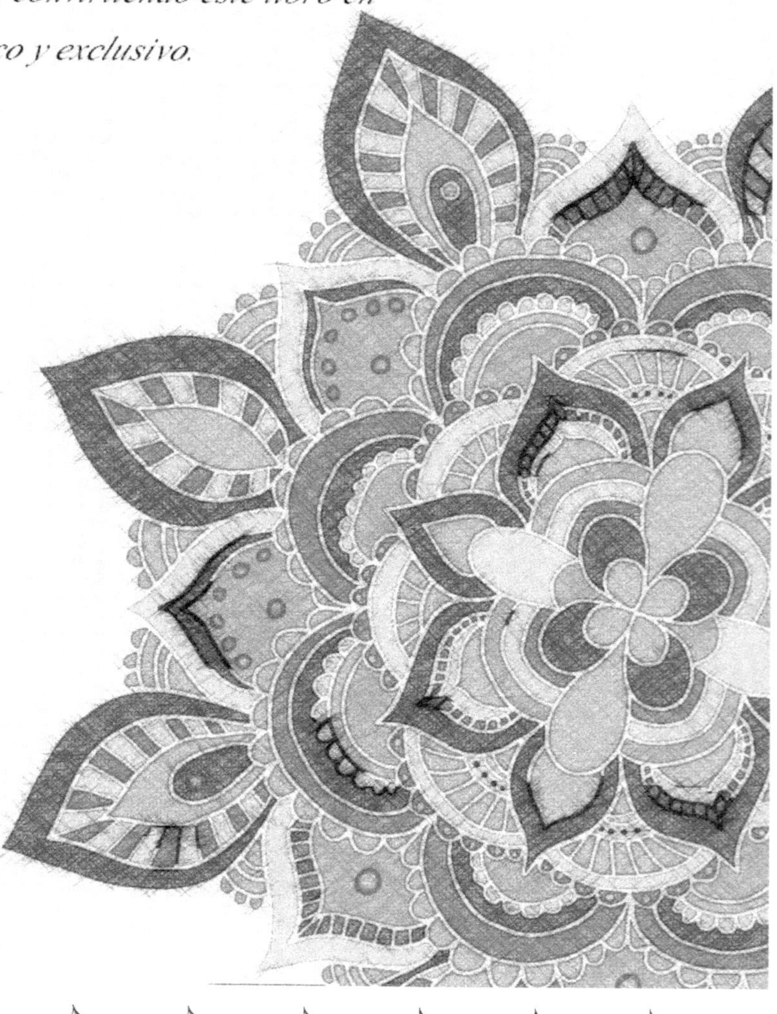

www.ingramcontent.com/pod-product-compliance
Lightning Source LLC
Chambersburg PA
CBHW070522210526
45169CB00027B/1524